PARA/TO:

. . . .

DE/FROM:

. . . .

FECHA/DATE:

. . . .

ERES EXTRAORDINARIO

You are extraordinary, *Bilingual Edition*

Craig & Samantha Johnson

Ilustrado / Illustrated: Sally Garland

Este libro es para todos los niños que alguna vez se sintieron inferiores a la persona maravillosa, increíble y espectacular que Dios quiso que fueran. ¡Eres perfecto tal como eres! No importa si eres promedio, si tienes alguna fragilidad médica o necesidades especiales, ¡esperamos que este libro te recuerde cada día que **ERES EXTRAORDINARIO!**

This book is for all the children who have ever felt less than the amazing, incredible, spectacular person God created you to be. You are perfect just the way you are! Whether you are typical, are medically fragile, or have special needs, we hope this book reminds you every day that **YOU ARE EXTRAORDINARY!**

Eres extraordinario
© 2020 por Grupo Nelson®
Publicado en Nashville, Tennessee, Estados Unidos de América.
Grupo Nelson es una marca registrada de Thomas Nelson.
www.gruponelson.com

Título en inglés: *You Are Extraordinary*
© 2019 by Craig and Samantha Johnson
Published in Nashville, Tennessee, by Tommy Nelson. Tommy Nelson is an imprint of Thomas Nelson. Thomas Nelson is a registered trademark of HarperCollins Christian Publishing, Inc.

Escrito por Jean Fischer. Ilustrado por Sally Garland.
Written by Jean Fischer. Illustrated by Sally Garland.

Editora en Jefe: Graciela Lelli
Traducción y Adaptación del diseño al español: Gabriela De Francesco

ISBN: 978-1-40021-839-4
Impreso en China / Printed in China
20 21 22 23 24 LSC 8 7 6 5 4 3 2 1

Prólogo

Nuestras palabras tienen un poder creativo. Cada vez que decimos algo, bueno o malo, le infundimos vida a lo que comunicamos. He observado cómo Craig y Samantha hablan victoria sobre sus hijos, diciéndoles: «Estoy orgulloso de ti. Te amo. Eres maravilloso. Tienes talento. Eres hermoso. Harás grandes cosas en la vida». Como padres, cuando hablamos palabras como estas sobre nuestros hijos, estamos bendiciendo su futuro.

—Joel Osteen

Foreword

Our words have creative power. Whenever we speak something, either good or bad, we give life to what we are saying. I have watched Craig and Samantha speak victory over their children, telling them, "I'm proud of you. I love you. You are amazing. You are talented. You are beautiful. You will do great things in life." As parents, when we speak words like these over our kids, we are blessing our children's futures.

—Joel Osteen

Una carta a los padres

Todos los padres tienen un momento en el cual se sientan cara a cara con sus hijos a tener una conversación importante. Estas conversaciones pueden variar un poco, pero tienen el mismo objetivo: anunciarles a los niños que son excepcionales, únicos y maravillosos tal como son.

Para la niñita de la cual se burlan por el color de su piel
Para el niñito que lucha con el autismo
Para el niño al cual molestan por ser diferente
Para la niña en una silla de ruedas
Para el pequeño que es adoptado
Para la jovencita que es el centro de todas las burlas
Para el valiente luchador que combate una enfermedad

Eres extraordinario es para todos los niños que necesitan un momento en que se les reafirme que Dios tiene un plan para sus vidas, que son muy amados y —algo que quizás sea el mensaje más importante— que el mundo es un lugar mejor cuando tratamos a todos como a personas extraordinarias. Esperamos que este libro sea un catalizador para señalarles a tus hijos su destino, y para darles el ánimo que necesitan para triunfar.

—Craig y Samantha

Letter to parents

All parents have a moment when they sit face-to-face with their children to have an important conversation. The conversations may look a little different, but they have the same goal: to let kids know that they are exceptional, unique, and wonderful just as they are.

For the little girl who gets picked on based on the color of her skin

For the young boy struggling with autism

For the kid who is bullied because he's different

For the child in a wheelchair

For the little one who is adopted

For the smart girl who's always being made fun of

For the brave little fighter battling illness

You Are Extraordinary is for all children who need a moment of reassurance that God has a plan for their lives, that they are so loved, and—what might be the most important message—that the world is a better place when we treat all people like they are extraordinary. We hope this book will be a catalyst to point your children to their destinies and give them the encouragement they need to succeed.

—Craig and Samantha

Eres un regalo de Dios. Tu vida es preciosa como el oro. Cada detalle de tu personalidad es algo que atesoro.

Your life is so precious. You're God's gift from above. Each thing about you is something I love.

No eres común y corriente; todo lo contrario.

¡Dios te hizo perfectamente

Extra ordinario!

God made you just right—but not ordinary.

He made you perfectly **extraordinary**!

Miremos
tu dulce rostro en
el espejo. Una nariz y dos ojos,
todo muy parejo.
Me encantan tus expresiones, ¡eres muy
divertido! Día tras día, ¡siempre eres mi
preferido!

Let's look in the mirror. I see your sweet face.
Your nose and your eyes are in just the right
place.
I love your expressions. You're incredibly
fun! Day in and day out, you're
my #1!

Toda familia es única. No hay dos que sean iguales.
Cada una con su propio apellido y sus personas especiales.

All families are special. No two are the same.
Each has its own people. Each has its own name.

Nuestra familia te tiene a ti, y
por eso es la **MEJOR**,

Deliciosamente distinta,
diferente a todas
ALREDEDOR.

Our family has you, and
that **MAKES** it the **BEST**,

Delightfully different
and unlike the
REST.

Sé muy bien quién eres,

I know who you are,

y lo que haces puedo ver.

and I see what you do.

¡Más **maravilloso e increíble** no puedes ser!

I love this **amazing, incredible** you!

Cuando hay problemas y algo sale mal,
Valentía y fuerza son tu reacción natural.

Whenever you're challenged by things that go wrong,
I like how you face it! You stay brave and strong.

Has aprendido a hacer todo con tu

ESTILO ESPECIAL.

En medio de las dificultades,

TU SONRISA ASOMA IGUAL.

You've learned how to do things with

your **SPECIAL STYLE.**

When it's hard or it hurts,

YOU STILL MANAGE TO SMILE.

Si estás enfermo o tienes que quedarte acostado
O cuando te preocupa lo que el doctor ha recomendado,

On days when you're sick or you must stay in bed
Or you're worried about what the doctor has said,

El **AMOR** de Dios está cerca de ti en todo momento.

Puedes sentir Su gran amor en medio del mayor sufrimiento.

God's **LOVE** gets you through it. You know that He's close.

You can feel His big love when you need it the MOST.

Por momentos estarás feliz,
pero puedes sentirte triste también.

Some days you'll feel happy.
Some days you'll feel sad.

Y a veces, lo que sientas no te parecerá ni mal ni bien.
No importa cómo te sientas; una cosa es cierta al final...

¡Te amaré para siempre, mi pequeñito **EXCEPCIONAL**!

And sometimes your feelings won't feel good or bad.
Whatever you're feeling, this one thing is true—

I always will love my **EXCEPTIONAL YOU**!

Sé que tú aprendes a tu propia manera singular.

I know that you learn in your own unique way.

A veces, aprender lleva tiempo, y otras, no tienes que esperar.

Some learning takes time, and some takes just a day.

Pero cuando por fin aprendiste
y ya pasó la prueba,

But when all the hard work of
learning is through,

Me **ALEGRA** y **ENORGULLECE**
que hayas aprendido una cosa nueva.

I'm **HAPPY** and **PROUD** that you've
learned something new.

Algunos días, no quieres estar en un grupo grande y ruidoso.
Necesitas tu propio espacio, y encontrar un rinconcito silencioso.

Some days you don't care for big groups that are loud.
You need your own space far away from the crowd.

AH, pero haces cosas de lo más
MARAVILLOSAS e **INTELIGENTES**
cuando estás solo y
muy cómodo te sientes.

But **OH**, the **AMAZING** and **SMART** things you do
When you're all by yourself and just being you.

Y cuando te sientas solo y ya no
sepas más qué hacer, recuerda
que otros también sienten
soledad que los hace entristecer.

Así que si tienes tiempo y te
sientes valiente de verdad,

piensa que
ALGUIEN
SEGURO
NECESITA
tu amistad.

And when you feel lonely and
don't know what to do,
Remember that others feel
loneliness too.

So if you feel brave and have
time you can spend,

Consider that
SOMEONE
NEEDS
YOU
as a friend.

Un amigo puede ser alto o puede ser más bajito.

¡Pero la apariencia de un amiguito no importa ni un poquito!

A friend can be short, or a friend can be tall.

And how a friend looks doesn't matter at all!

Así que con todos los que conozcas, recuerda hacer lo correcto.

But whoever you meet, remember what's right—

TODOS MERECEMOS AMOR, nadie es perfecto.

WE ALL DESERVE LOVE, so we're all just alike.

Dios te dio un propósito. Con Su gracia y Su amor

podrás ayudar a que este mundo sea

UN LUGAR MUCHO MEJOR.

Él te dio ideas y talentos para usar

Puedes lograr todo

LO QUE QUIERAS ALCANZAR.

God gave you a purpose. With His love and

grace, You'll help make this world

A MUCH BETTER PLACE.

He gave you ideas and talents to use

So you can succeed

AT WHATEVER YOU CHOOSE.

Dios te conoce, y todo lo que haces puede ver. Te hizo increíble, ¡más maravilloso no podrías **SER**!

Te creó perfecto. Eres una hermosa estrella brillante,
Y yo te amaré todos los días que tengas por delante.

God knows who you are, and He sees what you do. He made this amazing, incredible **YOU**!

He made you just right. You're a bright shining star,
And I'll love you forever just as you are.

¡ERES EXTRAORDINARIO!

YOU ARE EXTRAORDINARY!

Te alabo porque estoy maravillado, porque
es maravilloso lo que has hecho.
¡De ello estoy bien convencido!

SALMO 139:14

Dear God, I praise You because
You made me in an amazing and
wonderful way. Amen!

PSALM 139:14 ICB